صحرا صحرا اجنبی

(مجموعہ کلام)

مصنف:

رؤف خلش

مصنف یا ناشر کی پیشگی اجازت کے بغیر اس کتاب کا کوئی بھی حصہ کسی بھی شکل میں بشمول ویب سائٹ پر اپ لوڈنگ کے لیے استعمال نہ کیا جائے۔ نیز اس کتاب پر کسی بھی قسم کے تنازع کو نمٹانے کا اختیار صرف حیدرآباد (تلنگانہ) کی عدلیہ کو ہو گا۔

© تعمیر پبلی کیشنز

کتاب	:	صحرا صحرا اجنبی
مصنف	:	رؤف خلشؔ
صنف	:	شاعری
ناشر	:	تعمیر پبلی کیشنز (حیدرآباد، انڈیا)
زیرِ اہتمام	:	تعمیر ویب ڈیولپمنٹ، حیدرآباد
سالِ اشاعت	:	سنہ ۲۰۲۳ء
تعداد	:	(پرنٹ آن ڈیمانڈ)
طابع	:	تعمیر پبلی کیشنز، حیدرآباد –۲۴
صفحات	:	۱۳۸
خوش نویسی	:	محمود سلیمؔ
سرورق ڈیزائن	:	تعمیر ویب ڈیزائن

ترکِ وطن کرنے والوں کے نام

خوابوں میں تھا مگن کبھی تعبیر میں مگن
وہ صحرا صحرا اجنبی بکھرا دیا گیا

ترتیب

ابتدائیہ

"صحرا صحرا اجنبی" میرا دوسرا شعری انتخاب ہے۔

پہلا شعری انتخاب "نئی رُتوں کا سفر" آج سے نو سال قبل اکتوبر ۱۹۷۹ء میں شائع ہوا تھا۔

میں نے ستمبر ۱۹۸۱ء کے اواخر میں حیدرآباد سے سعودی عرب کے شہر جدّہ کا رُخ کیا اور اپنی ملازمت کے سلسلے میں تادم تحریر مقیم ہوں۔ زیرِ نظر انتخاب اپریل ۱۹۸۰ء سے جون ۱۹۸۸ء کے دوران کہی گئی نظموں اور غزلوں پر مشتمل ہے۔

کسبِ معاش کی خاطر نقلِ مکانی کرنا اور مالی آسودگی حاصل کرنا، ایک عمومی بات ہے لیکن اس کے نتیجہ میں جو نئے تجربات اور مشاہدات حاصل ہوتے ہیں اور کسی بین الاقوامی شہر میں مخلوط تہذیبوں کا تصادم جن نئی محرومیوں اور قدروں کا باعث بنتا ہے، اس کشمکش اور ردّ عمل کا ادراک و احساس ایک علیٰحدہ بات ہے۔ میں اپنے تخلیقی و ذہنی سفر میں ان تغیرات اور رجحانات سے گزرتا رہا ہوں اور اس طرح "صحرا صحرا اجنبی" اس کے لیے ایک معنیٰ خیز استعارہ بن گیا ہے۔ زیرِ نظر شاعری ایک طرف مشرقِ وسطیٰ میں دولت کے عذاب اور پیٹرو ڈالر کے جبر و قدر کی داستاں ہے تو دوسری طرف اس "نو دولت ماحول" اور مہاجرت کی کیفیات کا شعری اظہار بھی ہے۔

آج کے الیکٹرانک عہد میں مادّی وسائل کی فراوانی اور نت نئے سائنسی انکشافات نے شعری ادب اور فنونِ لطیفہ سے لطف اندوز ہونے کی صفت کو شدید ضرب پہنچائی ہے۔ کل کا قاری آج کا ناظر یا سامع بن گیا ہے۔ وہ ادب کو راست کتاب سے پڑھنے کی بجائے اس کی

"ویڈیو فلم" دیکھ لیتا ہے ۔ شاعری کی قرأت، مجموعۂ کلام سے کرنے کے بجائے "آڈیو کیسیٹ" پر سُن لیتا ہے ۔ صورتِ حال جب اس قدر سنگین ہو تو یہ بتانا مشکل ہے کہ میری اس کتاب کی کہاں تک پذیرائی ہوسکتی ہے ؟ تاہم اُردو کی شعری روایت اس پُر آشوب دَور میں بھی سانس لے رہی ہے ۔ یہ اور بات ہے کہ فنونِ لطیفہ کی یہ اہم شاخ (یعنی فنِ شاعری) جو رودِ عصر کی تاریخ بھی مرتب کرتی ہے اور زندگی کے حُسن و قبح کا فنی اظہار بھی ہے ، آج محض آلۂ تفریح بن کر رہ گئی ہے ۔

یہ کتاب تَرکِ وطن کرنے والوں کے نام منسوب ہے جن میں وہ ادیب و شعراء بھی شامل ہیں جو دیارِ غیر میں شمعِ اُردو کے گرد حلقہ کئے بیٹھے ہیں ۔ ہر چند کہ اس کی روشنی مدھم ہے ، اِن تمام احباب کی رِفاقتیں اور محبتیں میرے شب و روز کا سرمایہ ہیں ۔

۱۸ ۔ اکتوبر ۱۹۸۶ء ہفتہ کی شام حیدرآباد میں "حلف" نے میری شاعری پر ایک گفتگو کا اہتمام کیا تھا جس میں ڈاکٹر انور معظم ۔ حسن فرخ ۔ غیاث متین اور علی ظہیر نے حصہ لیا تھا ۔ اس کے چند اقتباسات آپ کی دلچسپی کے لیے کتاب کے آخر میں پیش ہیں ۔

رؤف خلش

جدّہ (سعودی عرب)

۲۰ ۔ جولائی ۱۹۸۸ء

سات رِداؤں کی نظمیں

پہلی سردا کی نظم

اے ربِّ کعبہ

سوادِ بیت الحرام جب بھی

جلی ہے "علم الیقین" سے

"عین الیقین" کی مشعل

تو ہم نے "حق الیقین" کو دیکھا

یہ شہر "اُمّ القُریٰ" ہے

جس میں سلامتی ہے

مگر وہ خاطی ہیں ہم کہ جن کے

نہ گھر سلامت نہ سر سلامت

نظرِ سوالی ______

دلوں کے کشکول خالی خالی

ہمی ظلوماً ہمی جہولا

اِنَّہٗ کَانَ ظَلُوْمًا جَهُوْلًا (قرآن)

حریمِ کعبہ زمیں پہ اک آیتِ خدا ہے
سماعتوں کے لیے نِدا ہے
کھلا ہے بابِ دعا کھلا ہے

اے ربّ کعبہ !
ظَلَمْتُ نَفْسِی ، ظَلَمْتُ نَفْسِی
حلاوتوں کو زباں کی میزاں میں تول دینا
بصیرتوں کو اِن اندھی آنکھوں میں گھول دینا
کُشادہ کرنا ہمارے سینوں کو کھول دینا !!!

▲

(اپریل ۱۹۸۷ء)

لہ رَابِطِ اشْرَحْ لِی صَدْرِی (قرآن)

دوسری ہجرت کی نظم

وہ مدینے کی گلیاں

وہ کھجوروں کے جھنڈ، ابر کے سائباں
وہ مدینے کی گلیاں، وہ ہجرت کدے
حق شناسوں کا اِک معتبر کارواں
حق پسندوں کی بستی کی جانب رواں
وہ مہاجر کہ انصاریوں کے بنے میہماں
دَف کی آواز میں خیر مقدم ہوا
نور کا سلسلہ سبز وادی میں مدغم ہوا
اور صدق و صفا کی علامت بنا

ایک کردار جس نے تقدس کو، ایماں کو معیار بخشا
دے دیا فقر و فاقہ سے کتنی شکم سیریوں کا جواب

لہ بنو نجار کی بچیوں نے حضور کی آمد پر استقبالیہ اشعار گائے تھے :

طَلَعَ الْبَدْرُ عَلَیْنَا   مِنْ ثَنِیَّاتِ الْوِداعِ

ایک اُمّی کہ جس نے کشادہ کئے علم و حکمت کے باب
کھول دی جہل کے سامنے آخری آسمانی کتاب

ایک ہی نام احسن جمیع الخِصال
ایک ہی چہرہ روشن مکمل جمال
ایک ہی تو دریچہ شفاعت کا بام
ایک ہی ذاتِ وجہِ درود و سلام

اہلِ خَیرُ القرون!
اب تمھارے زمانے سے بہتر زمانہ نہیں
آگہی زعمِ وہم میں معنویت کی محتاج ہے
اپنی بے سمت سی زندگی، مرکزیت کی محتاج ہے   ٨٨

(فروری/ دسمبر ١٩٨٤ء)

خَیْرُ الْقُرُونِ قَرْنِی ثُمَّ الَّذِینَ یَلُونَھُمْ، ثُمَّ الَّذِینَ یَلُونَھُمْ

(حدیثِ نبوی)

تیسری رِدا کی نظم

ہری بھری ہوئی وادئ مکہ

عجز و نیاز کی حُجّت بن کر

سوئے بیتِ عتیق رواں

اللہ کے مہماں

لبوں پہ بس تلبیہ ایک

لَبَّیْکَ اَللّٰهُمَّ لَبَّیْک

جھکی ہے گردن، آنکھیں پُرنم، دامن گیلا

حِجُّ الْبَیْتِ مَنِ اسْتَطَاعَ اِلَیْهِ سَبِیْلًا

یاد ہے اب بھی

"وادئ غَیْرِ ذی زرْع" میں

ٹھیرے تھے تسلیم و رضا کی فطرت والے

ہجرت والے

۱؎ قرآنِ کریم   ۲؎ مراد وادئ مکہ (قرآنی اصطلاح)

سعی کے ہاتھوں صبر نہ چھوٹا
پیاس بڑھی تو سینہ ریگ سے زمزم پھوٹا
ہری بھری ہوئی وادیٔ مکّہ

خانۂ کعبہ ــــــــ
وَحْدَہٗ لَا شَرِیْكَ لَہٗ کا کھلا نشاں ہے
قلبِ جہاں ہے!
صحرائے بے آب و گیاہ میں
اس کے تصدق، پھیلی خوشبو
سرسبزی و شادابی کی
امن و اماں کی!
"ذبحِ عظیم" سے "فتح عظیم" تک ایک ہی منزل
جَآءَ الْحَقُّ وَ زَهَقَ الْبَاطِلُ

▲▲

(جون ۱۹۸۷ء)

چوتھی مردا کی نظم

قیامت سے قریب

خبر کسے نہیں، لاحاصلی مقدّر ہے
بس ایک دوڑ کہ بے سمتیوں کی جاری ہے
جڑیں بدن کی تو پیوست ہیں زمینوں میں
مگر   دماغ لٹکتے ہیں آسمانوں میں
حجر کے دور سے ایٹم کی تابکاری تک
طویل ہوگئی کتنی کشیدگی کی جریب
دلوں کے موم کو پتھر بنا گئی تہذیب
ہم اور کتنے قیامت سے ہوگئے ہیں قریب

(جنوری ۱۹۸۸ء)

پانچویں پردہ کی نظم

وراثت کا جتن

نجیبوں اور نقیبوں کے کارنامے
اب اس لیے کتابوں میں بند ہیں
کہ ہم تحقیق کو اغیار کا حق سمجھ بیٹھے ہیں
اور تفکّر کو طاقِ نسیاں کی زینت بنا دیا ہے
یا تاریخ کے ہر باب کو
ہر شارع پر لگی تختی میں جڑ دیا ہے
ریگِ قدیم! ہم نے اپنی وراثت کو
جتن سے رکھنا چھوڑ دیا
شاید ۔۔۔۔ ہماری نوزائیدہ نسل
اجداد کے ناموں کو
سڑکوں کے حوالے سے پہچانے گی !

(جنوری ۱۹۸۸ء)

چھٹی سردار کی نظم

اندر کا وحشی

ہوٹل انٹر کانٹی نینٹل کا منظر
باب الامام کا چوبی کواڑ کھلتا ہے
اور لیموزین کے رُکنے کی آوازیں آتی ہیں
وہی "ازل کے کھیل" کے عادی جوڑے اُتریں
صحرا کا رینیلا موسم گدلا گدلا ہو جائے
"زیرو بلب" کی مدھم آنچ میں کیا کیا پچھلے
لوگ تموّل کی کھیتی میں
بیج تعیّش کے بوتے ہیں
درد و غم کی فصلیں کیوں کر کاٹیں گے؟
طاغوت کے ہاتھوں کو بوسے دینے والے
اندر کے وحشی کا قتل کہاں کر پائیں گے!

▲▲

(فروری ۱۹۸۸ء)

ساتویں پردہ کی نظم

منظر بدلتے ہیں

شطُّ العرب! تیرے ماضی کی رِدا ہٹاؤں تو
بخور دانوں سے نکلتی ہوئی نفیس خوشبوئیں
مشامِ جاں کو معطر کر دیں
رسیلے کھجوروں کی شیرینی، اشتہا انگیز بن جائے
ارغوانی منقش پوشاکیں، نظر کو خیرہ کر دیں
اور پھر حال سے آنکھ ملاؤں تو
تیل کی سوغات، "ایئر فریشنر" کا چھڑکاؤ مانگے
ولایتی "پرفیوم" بدن میں مستیاں جگائے
ذوقِ پاکیزگی، ہاتھوں میں "ٹشو پیپر" تھامے
لگتا ہے لذت اندوزی کی منطق کبھی نہیں بدلتی
صرف عیش و نشاط کے منظر بدلتے ہیں!

٨٨

○

ہم آسماں کی بلندی کو چھوڑ آئے ہیں
زمیں کے نام مقدّر لکھا کے لائے ہیں

یہ شہر ڈھونڈتے پھرتے ہیں شہریوں کو ابھی
کہ ریگ زاروں میں خالی مکاں اُگ آئے ہیں

بکھرتے خوابوں سے تعبیر کے دُھند لکوں تک
مہاجرت نے کچھ کے بہت لگائے ہیں !

وطن میں اجنبی، صحرا میں ہجرتی کہلائیں
یہ دن بھی خانہ بدوشی نے کیا دِکھائے ہیں

ہرا بھرا ہے جزیرہ تو نُو بھی چلتی ہے
ہے جلتی ریت مگر دھوپ دھوپ سائے ہیں

جہاں بھی بیٹھے ، بکھیروں سے دُور بیٹھے ہم
مگر اُٹھے تو بکھیرے اُٹھا کے لائے ہیں

سفر پہ نکلے تو امرت کی چاہ میں ہم لوگ
بدن میں زہر کے پیالے اُتار آئے ہیں

کسی نے چھیڑ دی جب داستاں سمندر کی
ہم اور کہتے کیا؟ تلخی سے مسکرائے ہیں

ہوا کی سانس میں خوشبو اُتر رہی ہے خلش
نئی رُتوں کے یہ در کس نے کھٹکھٹائے ہیں

۸۸

(مارچ ۱۹۸۷ء)

○

سبز شادابیوں کا نشاں کون ہے
جلتے صحرا میں آبِ رواں کون ہے

وقت کے پاؤں چپ چاپ بڑھتے ہے
چینختے ہی رہے کارواں کون ہے

تو ہی سُلجھا کہ گتھی سُلجھتی نہیں
تو اگر دھوپ ہے، سائباں کون ہے

مجتمع کل تھا میَں، آج ہوں منتشر
میری مٹی کہے درمیاں کون ہے

تیل چھڑکائے وہ، آگ بھڑکائے وہ
وہ جو ہم میں ہے آتش فشاں کون ہے

گونگوں بہروں سے ٹھہری ہے گفت و شنید
کہنے سننے کو آخر یہاں کون ہے

گرم خیزاں ہیں ہم، صف گریزاں ہو تم
خوش گماں کون ہے، بدگماں کون ہے

جو مزاج آشنا ہو، جو یاری کرے
اس زمانے میں چھوڑو میاں کون ہے

ان تماشوں سے جی بھر گیا ہے خلشؔ
فکر کا ہے کو، جی کا زیاں کون ہے

۸۸

(جون ۱۹۸۷ء)

◯

مہنگی پڑی ہے دشت میں جانے کی آرزو
بنجر زمیں میں سونا اُگانے کی آرزو

یہ اشتہا، بدن کے بلاوے، لہو کی پیاس
شعلوں کے بیچ آگ بجھانے کی آرزو

وہ بے حسی ہے چپ جو رہوں تو گھٹے ہے دم
جی میں ہے اب کے حشر اٹھانے کی آرزو

نذرانے میں تھا یہ، نفس کی حرمت کا تھا سوال
کس کو تھی ورنہ خوں میں نہانے کی آرزو

کتنی اکائیوں میں بٹا ہے میرا وجود
بکھرائے کتنا گھر کو سجانے کی آرزو

مجھ کو کہاں کہاں لیے پھرتی ہے کیا خبر
آندھی میں اِک چراغ جلانے کی آرزو

اُترو خود اپنی ذات کی گہرائی میں خلش
اُبھرے جو اپنے آپ کو پانے کی آرزو

٨٨

(جولائی ١٩٨٧ء)

○

پلکیں اوڑھ کر سوئے، یوں تو آنکھ کی کھڑکی
تاک جھانک کرتی ہے، دل میں اک چھپی کھڑکی

وقفہ ہے نہ ٹھہراؤ، دل کے گھر پہ پتھراؤ
روز کے چھنا کے ہیں، کیوں لرز اٹھی کھڑکی

وہ ہوا کا جھونکا تھا، یا کسی نے ٹوکا تھا
مدتوں سے چپ چپ تھی، بولنے لگی کھڑکی

تھا اداس سناٹا، کون تھا جو لوٹ آتا
انتظار میں لیکن، آدھ کھلی رہی کھڑکی

غم کی دھوپ اترتے ہی، کیوں پگھلنے لگتی ہے
یاد کے گھروندے میں، موم کی بنی کھڑکی

اپنے گھر کے چہرے بھی بالکل ایک جیسے ہیں
ایک ٹوٹا دروازہ، ایک ملگجی کھڑکی

دن وہ یاد آتے ہیں، ذائقے رُلاتے ہیں
شہد سا لب و لہجہ، خوشبوؤں بھری کھڑکی

اِن رُتوں میں کھُل جائیں، تتلی بن کے اُڑ جائیں
ہے دُھلا دُھلا منظر، ہے کھُلی کھُلی کھڑکی

پھر خلشؔ تخیّل میں، تیرتے ہیں نظّارے
کوئی تاکتا مکھڑا، کوئی جھانکتی کھڑکی!

۸۸

(اکتوبر ۱۹۸۷ء)

〇

کتنے نقاط جوڑ گیا خطِ مستقیم
مرکز سے دائرے کو ہلا خطِ مستقیم

قائم ہوا اسی سے بلندی کا زاویہ
جب بھی عمودی سمت بڑھا خطِ مستقیم

در ہیں سماعتوں کے مقفّل تو کیا کریں
کب سے پکارے کوہِ ندا: "خطِ مستقیم"

اقلیدسی مزاج ہے وہ، ہم ہیں سادہ لوح
ہے خطِ منحنی سے جدا خطِ مستقیم

لَہ سَمتُ الرّاس: سر سے آسمان تک کا سیدھا خط

ہر کج روی کی چال کو یُوں کاٹتا رہا!
تقسیم خود بھی ہوتا رہا خطِ مستقیم

روشن رہے کتاب کہ وہ جنبشِ قلم
پتھر کی اِک لکیر ہے یا خطِ مستقیم

اونچے ہوئے مکاں تو اُفق چھپ گئے خلش
آبادیوں نے کھینچ دیا خطِ مستقیم

٨٨

(اپریل ٭١٩٨٨)

نۛ وَالۡقَلَمِ وَ مَا یَسۡطُرُوۡنَ ٥ (قرآن)
(قسم ہے قلم کی اور ان کے لکھنے کی)

یوُں خواہشوں کی بھیڑ میں پہنچا دیا گیا
رہنے کو اک "ہرا بھرا" صحرا دیا گیا

کچھ اس طرح بھی سرکشی کچلی گئی یہاں
باغی سروں پہ تاج بھی پہنا دیا گیا

خوابوں میں تھا مگن، کبھی تعبیر میں مگن
وہ صحرا صحرا اجنبی بکھرا دیا گیا

گونگوں کے احتجاج کو شدت کے باوجود
بہروں کے اک سکوت میں دفنا دیا گیا

جنگل رواج پا گئے شہروں کے درمیاں
آبادیوں کے بیچ خرابہ دیا گیا

ق

اے بے چراغِ زندگی! کیوں بے چراغ ہے
تجھ کو تو روشنی کا صحیفہ دیا گیا

وہ حرفِ حق کتاب میں برسوں سے بند ہے
جس حرفِ حق کو حکمِ ندا کا دیا گیا

بھوری پہاڑیوں سے کھجوروں کے جھنڈ تک
اک سلسلہ تھا خیر کا، پھیلا دیا گیا

اس کوہِ بے ستوں سے سمندر نکالنے
تم کو خلش، قلم نہیں تیشہ دیا گیا

۸۸

(جون ۱۹۸۸ء)

۱ء مکہ معظمہ   ۲ء مدینہ منورہ

سات آوازوں کی نظمیں

پہلی آواز کی نظم

الادریسی کے نام

[ایک عرب سیاح جس نے بارہویں صدی عیسوی میں یورپ اور مشرق وسطیٰ کا سفر کیا تھا اور ۱۱۳۸ء میں سسلی کے مقام پر اس وقت تک کی معلوم دنیا کا پہلا سائنٹفک نقشہ مرتب کیا تھا۔]

صدیوں پہلے
تیرے نوکِ قلم سے نِکلا
اس دنیا کا پہلا نقشہ
تیرے علم کی دُنیا میں کب
اپنی دُنیا کتھی موہوم ؟
الادریسی ! قلم کو چوم !

آج اتنی صدیوں کے بعد
دیواروں کا نوشتہ پڑھنا

کتنے بارُودھ کے تاروں نے کب
نسلوں کے تابوت میں آخر
کتنی کیلیں ٹھونکی ہیں؟
کتنی جنگیں تھوپی ہیں؟
"مَیں اور تُو" کے خون خرابے
کس قرطاس پہ ہیں مرقوم؟
لہو لہو ہو گئیں لکیریں
رنگ و نسب کی مچی ہے دھوم!

الادریسی!
سیاحی کر، دنیا گھوم
ایٹم کے ملگجی دھوئیں میں
کتنا مشکل ہے طے کرنا
نقشے میں سرحد کا مفہوم!!!

▲▲

(اپریل ۱۹۸۷ء)

انحرافی

لذّتوں کے لاؤ لشکر
مال و زر سے لیس ہو کر
"بے خدا تہذیب" کی اس "با خدا" بستی میں
جب بھی، کرّ و فر سے گھومتے ہیں
زلزلے آتے ہیں کتنے
نفس کی پھر سے اساطیری غلامی جاگتی ہے
لوٹ آتا ہے زباں پر
پھر سے ممنوعہ شجر کا ذائقہ

اور ایسے میں
وہ جدوجہد والے انحرافی
خوف کی نیلی عبائیں اوڑھ کر
تاویل کے حجروں میں چھپ جاتے ہیں
شب خوں مارنے کی کوششوں میں
قید ہیں "شب خیزیوں" کے درمیاں
اجتہادی بن نہیں پاتے !

۸۸
(مئی ۷، ۱۹۸۷)

تیسری آواز کی نظم

زرد موسموں کا وار

مکالمے ادا ہوئے،
محاسبے نہ ہو سکے
طنابیں کھینچنے کی ضِد تھی
وحشتوں میں کس غضب کا رن پڑا
کھری جو بات تھی، اُلٹ گئی
جو کھوٹ تھا، وہ چل گیا

یہ کس کو علم تھا؟
دراز مہلتوں کی ڈور ہے
سکوت کے مزاج ہی میں شور ہے
خراج کس سے مانگتی ہیں
تپتی ریت پر پسینوں کی حرارتیں

غلام جاگ اٹھے
ذخیرے خشک ہو چلے
شیوخ کے حواس گُم ہوئے

عجیب نخل زار ہے
کہ سبز ٹہنیوں پہ زرد موسموں کا وار ہے
اٹی پڑی تھی پہلے ہی قرن قرن کی داستاں
عمارتوں کے خوں میں
سانپ بن کے رینگنے لگیں
جبلّتیں، جبلّتیں، جبلّتیں!!!

٨٨

(جولائی ١٩٨٧ء)

چوتھی آواز کی نظـم

کفیل

وہ پتھر دل ہے کِتنا ؟

مملکت کی سرحدوں میں

وقت کے ٹکڑوں کو پیمانہ بناتا ہے

"معزز قیدیوں" کو

وسعتِ زنجیر تک آزاد کرتا

کھلے بازار کی

سوداگری کو

نقلِ کفالت نام دیتا ہے

اجازت یوں عطا کرتا ہے رہنے کی

کہ اپنی حاجتوں کو ہم

اپنے کاندھوں پر اٹھائے

ایک مدّت تک ـــــ

سب گرانی بھول جائیں!

زندگی کی جو بھی قیمت ہے چکائیں!

▲▲

(اگست ۱۹۸۷ء)

پانچویں آواز کی نظم

اقامہ

سطوتوں میں خدا کی زمیں کتنی محصور ہے
"حکم نامہ" ہماری رہائش کا دستور ہے
گونگی للچاہٹوں کو زباں دے کے
اندھا وسیلہ بنا ہے
ہاتھ میں آ گئے ہیں،
چند چمکیلی آسائشوں کے دیئے
دیکھنا ____
نور کی وادیاں جب کسی دن،
اُلٹ دیں بساط،
روشنی منعکس ہو کے ____
ٹوٹے ہوئے آئینوں پر پڑے گی
اور "تجدید" کے غم میں گھلنے لگیں گے
آخری سانس لیتے اُمیدوں کے بجھتے گہر
واپسی کے لیے صرف ہوگا "جوازِ سفر"

۸۸

(اگست ۱۹۸۷ء)

۱۔ عربی میں "پاسپورٹ" کو کہتے ہیں۔

چھٹی آواز کی نظم

خروج

عجب تماشا ہوا کہ

آسودگی نے اپنے ہی گرد جالا سا بُن لیا

زندگی سے رونق فنا ہوئی

لعنتوں کی پرچھائیوں میں گھر کر

ہر ایک نعمت ہوا ہوئی !

کاش اس قدر تو نہ لوٹ مچتی

تمہارے اندر نہ یہ تعیش کا عیب ہوتا

ہوس کی آندھی کو تاڑ لیتے

جو تم کو بھی علم غیب ہوتا

نہ خواب بنتے نہ ذائقوں کو عروج ہوتا

طلسم کے دلربا جزیروں سے

یوں تمہارا "خروج" ہوتا ____!

سنا ہے ، اب تو

تمہیں بھی مسیح کی تلاش ہے

(جون ۱۹۸۷ء)

ساتویں آواز کی نظم

ایئر ہوسٹس

سفر کے دائرے پھیلے ہوائی اڈوں تک
ہیں میزبانیاں اُس کی خلا کی باہوں تک
وہ شب کی زُلف بھی ہے، روشنی کا ہالہ بھی
سُکوں کی جھیل بھی، بادِ صبا کا جھونکا بھی
وہ جانتی ہے، کہاں چاہتوں کی سیما ہے
کرم کی بارشیں کیا ہیں؟ جنوں کی حد کیا ہے
تبسّموں کی گھلاوٹ، مہک گلابوں کی
مری شریکِ سفر ہے مگر سرابوں کی
معاملہ نہ کھلے، کون اپنی حد میں ہے
یہ کیسا حُسنِ طرحدار میری زد میں ہے
ہے دیکھنے میں دَھنک رنگ، کب یقیں آئے
پروں کو چھُونے سے تتلی کا رنگ اُڑ جائے
حواس پر ہوئی طاری وہ موسموں کی طرح
کنیز پھرنے لگی شاہزادیوں کی طرح

۸۸

○

زخموں کو پھول کر دے، تنہائیوں کو مریم
سو قربتوں پہ بھاری، ہجرت کا ایک موسم

ویرانیوں میں بستی، آبادیوں میں جنگل
کس دور کے طلسمی کردار بَن گئے ہم

اِک آگ جسم میں ہے، اِک پیاس روح میں ہے
بھڑکے ہے اور اتنی، جتنی بجھے ہے کم کم

گھر سے تو اب ہمارا، یُوں ربط رہ گیا ہے
دفتر میں جس طرح ہوں، اِک میز، کرسی اور ہم

اب آندھیوں کا دیکھو، کب تک نزول ہوگا
ذہنوں سے دھیرے دھیرے، اُترے ہے اسمِ اعظم

لو بیسویں صدی سے، میراث مل رہی ہے
کچھ قتل، کچھ فسادی، کچھ ٹوٹے خواب، کچھ غم

اُس بھیڑ میں خلش تم، پہلے شریک ہولو
پھر بعد میں سمجھنا، یہ جشن ہے کہ ماتم   ▲▲

(اگست ۱۹۸۵ء)

○

تو مجھ کو دیکھ رہا تھا، مغالطے میں تھا
میں تیری آنکھوں کے گہرے مطالعے میں تھا

بہانہ جوئی کی ہر راہ بند تھی مجھ پر
میں اپنی زد میں تھا، اپنے مقابلے میں تھا

پتہ کسی کو نہ تھا، مسلکِ جنوں کیا ہے
ہجوم سارا جنوں کے مظاہرے میں تھا

تمیز کھوٹے کھرے میں وہ کس طرح کرتا؟
ہنر کو عیب سمجھنا معاشرے میں تھا!

سنور گیا تو سبھی کا، اُجڑ گیا تو مِرا
عجیب فیصلہ گھر کے مباحثے میں تھا

نہ اعتراف کھُلا تھا نہ انحراف کھُلا
یہ کیسا مرحلہ دل کے معاملے میں تھا

خلش وہ شخص جو چھُپ چھُپ کے وار کرتا تھا
مجھی میں تھا کہیں، میرے محاسبے میں تھا   ▲▲

(اگست ۱۹۸۵ء)

○

بارشوں میں پگھل رہا ہوں میں
ٹھنڈے موسم میں جل رہا ہوں میں

جستجو ہے نئے تناظر کی!
سارے منظر بدل رہا ہوں میں

آنکھ والے مشاہدہ کرلیں
کس کی آنکھوں میں کھل رہا ہوں میں

جاؤ، دم توڑتی صدی سے کہو
پھر نئی رُت میں ڈھل رہا ہوں میں

یوں لگے ہے تمھاری ہم قدمی
جیسے خوابوں میں چل رہا ہوں میں

توڑوں گا میں بتوں کو توڑوں گا
کیسی ضد پر اٹل رہا ہوں میں

کچھ حدوں کو قبول کرکے خلش
کچھ حدوں سے نکل رہا ہوں میں

(ستمبر ۱۹۸۵ء)

○

پھر سفر کی وہی اٹھانیں ہیں
اِک سمندر ہے، سو چٹانیں ہیں

سیر کر آئے شاہی محلوں کی
چند ٹوٹی ہوئی کمانیں ہیں

گھات میں گدھ ہیں اور ایسے میں
فاختاؤں کی کچھ اڑانیں ہیں

کیا پڑھیں ڈبڈبائی آنکھوں سے
گیلے کاغذ کی داستانیں ہیں

ٹوٹنا بھی ہے جن کو لُٹنا بھی
بستیاں وہ سبھی دوکانیں ہیں

اور سب خیریت ہے ہم وطنو!
بس ذرا جاں کنی میں جانیں ہیں

سُونے جنگل بھی چیختے ہیں خلش
خامشی کی بھی کچھ زبانیں ہیں

▲▲

(اکتوبر ۱۹۸۵ء)

◯

صحرا میں بستیوں کے جو بازار سے لگے
موسم کواڑ کھول کے پھر جھانکنے لگے

تم وہ زباں کہ کچھ نہ کہا اور بھلے لگے
ہم وہ قلم کہ لکھتے رہے اور بُرے لگے

تھی فاصلوں کی دھوپ کہ تنہائیوں کی آنچ
چہرے جو دودھیا تھے بہت سانولے لگے

آوارگی سکھا گئی کچھ خواب دیکھنا
جن منظروں سے آنکھ لڑی، خواب سے لگے

چھپنے کو شہرِ ذات بچا تھا میرے لئے
اُس شہر میں بھی چاروں طرف آئینے لگے

چھوڑا تمھیں، سفر کیا، زیتون کھائے
ہم کو بہت کھجور کے سائے گھنے لگے

اس ریت کے جہاں میں عجب گرم تھی ہوا
منڈی لگی تو دام ہر احساس کے لگے

ہم سُرخرو تھے جس کی چکاچوند میں کبھی
آنکھیں کھُلیں تو سب وہ شرارے بجھے لگے

کب سے تھیں کونے کھدروں میں یادیں دبی دبی
گھر کی صفائی میں خلش اُن کے پتے لگے

▲▲

(مارچ ۱۹۸۶ء)

◯

بنتے گئے سب میرے لیے دشمنِ جانی
وہ جسم کا بن باس ہو یا نقلِ مکانی

خوابوں کو شکستوں کے سوا ہاتھ نہ آیا
آوارہ مزاجی نے کہاں خاک نہ چھانی

بھونچال بچاتے ہیں، ڈبوتے ہیں کنارے
بالکل ہے زمیں جیسی سمندر کی کہانی

مٹی کہے بوتے چلو ہر قطرۂ خوں کو
اس رُت میں ہے شعلوں کی تمہیں فصل اگانی

کس موڑ پہ آ پہنچے ہو تم در بہ دری میں
ہے پیاس بجھانی کہ تمہیں جان بچانی

کچھ اور بچے یا نہ بچے ، سر کو بچا لو
اس دشت میں جب تک ہے تمہیں عمر بتانی

کل جن سے خلش ہنسنے کی تہذیب ملی تھی
کیوں آج رُلا دیتی ہیں یادیں وہ پُرانی

▲▲

(نومبر ۱۹۸۷ء)

سات سمندر کی نظمیں

پہلے سمندر کی نظم

دوسرا رُخ

تم نے سونگھ لی جب، ۔۔۔ ، شرقِ وسط کی خوشبو
دن کو ریپ کے قصّے، رات کو بُلو فلمیں
جتنی سادہ لوحی تھی، پھینک دی سمندر میں
اور جو کثافت تھی، بھر لی سوٹ کیسوں میں
اشتہا تو معدوں میں، یوں بھی پلتی رہتی ہے
ایک سینڈوچ کھا لو، ایک پپسی منگوا لو
خود نہ تم کو کھا جائے، بھوک پٹرو ڈالر کی

★★

(جولائی ۱۹۸۶ء)

دوسرے سمندر کی نظم

خوانِ نعمت

دائیں جانب
ہرے ہرے زیتون کے پھل
بائیں جانب
شہد میں ڈوبی نرم کھجوریں
ریت کی آندھی! تُو ہی بتا
کیسے میرا خوانِ نعمت
بیچ سمندر ڈوب گیا!

▲

(جولائی ۱۹۸۶ء)

تیسرے سمندر کی نظم

لقمۂ آخری

مجھ کو سمندروں کے پاس
محوِ طعام دیکھ کر
کوئی کھڑا تھا دیر سے
چپکے سے کیوں کھسک گیا ؟
پانی کی بوتلیں لیے
لقمۂ آخری میرا
حلق میں جب اٹک گیا !

▲

(جولائی ۱۹۸۶ء)

پو تھے سمندر کی نظم

اپنی شناخت

سفر سے کس کو بَیر ہے ؟
لہو رُلاتی ساعتوں کے درمیاں
جُنوں بھی ایک خیر ہے
ہَوا کو مٹھیوں میں تھامنا
زمیں کے رابطے سے آسماں کو جاننا
بھَنور بھَنور ہمیں سکھا گئیں
سمندروں کی غم اُگاتی بارشیں

▲

(جولائی ۱۹۸۶ء)

پانچویں سمندر کی نظم

ذوقِ نظر

جزیرہ بڑا پُر خطر ہے
کبھی گم شدہ چند خوابوں کی جنّت دِکھائے
کبھی حرص کی دلدلوں میں گھسیٹے
اور پاؤں تلے کی زمیں جب نکل جائے
سمندر ہی حدِ نظر ہے
سُنو میری پونجی یہی اِک نظر ہے
جزیرہ بڑا پُر خطر ہے

▲

(جولائی ۱۹۸۶ء)

چھوٹے سمندر کی نظم

ایک سوال

بنتِ عرب جو رودِ شعینوں کو
پہن کر نکلی
نخلستان میں کڑکے ہے بجلی
آگ سی پھیلی سمندر میں
گرم لپیٹیں اس سے یہی تو پوچھتی ہیں :
حورِ عین! تو اپنے حجابوں میں رہ کر
صحرا کی کر سکے گی تعمیر ؟

(جولائی ۱۹۸۶ء)

ساتویں سمندر کی نظم

ہجرت کے موسم میں

ہجرت کے موسم میں کھُلا رکھو
ایک کواڑ مہکتی یادوں کا
ایک کواڑ سمندر دیس کی دولت کا
دونوں کی خوشبو کو سانسوں میں بسا رکھو
لیکن جینا سانسوں کو گِننے کا نام نہیں ہے
پتھر کی نگری میں فولاد کی زنجیریں کاٹو
اپنے سفر کو جاری رکھو !

▲

(جولائی ۱۹۸۶ء)

○

سلسلہ ہے رت جگوں کا، نیند کوسوں دُور ہے
آنکھ میں کانٹوں کا جنگل، خواب چکنا چُور ہے

لمس کے گہرے اندھیرے تم نے دیکھے بار بار
ایک بستی ہجرتوں کی دیکھنا، پُر نور ہے

روشنی کی لو نہ مانگے آگ لینے کا ہُنر
کون موسیٰ ہے یہ کیسی وادیِ بے طور ہے

اجنبی شہروں نے دی ہیں اجنبی لمحا ہٹیں
تنہا تنہا بھیڑ میں دل، کس قدر مجبور ہے

دن کے صحراؤں میں زخموں کو ہرا کرتی ہے دھوپ
دم دلاسوں میں سُلانا، رات کا دستور ہے

جسم میں گھلتا ہے دیکھیں یا اُتر جاتا ہے پار
تُند لہراتی ہَوا کا وار تو بھرپور ہے

ہم نے ریتیلے جزیروں میں خلش کھو دی نظر
ان سلگتے منظروں کو جانے کیا منظور ہے

۱۸

(جولائی ۱۹۸۴ء)

○

جل چکے ہیں گھر کے گھر، اب شرر ہیں دروازے
غور سے مگر دیکھو، چشمِ تر ہیں دروازے

کوئی اجنبی گھر میں، یوں قدم نہیں دھرتا!
کچھ دلوں میں خدشے ہیں، کچھ نڈر ہیں دروازے

آدھے کھلے کواڑوں سے، سب کو دیکھ لیتے ہیں
جلنے کون کہتا ہے، کم نظر ہیں دروازے

جب نگاہ اٹھے گی، سیڑھیاں بنا لے گی
تم جدھر کا رخ کر لو، بس ادھر ہیں دروازے

جذب کر کے رکھ لینا، دستکیں ہتھیلی میں!
جب سے میں سفر میں ہوں، ہم سفر ہیں دروازے

دل کی اس عمارت میں کون جھانک کر دیکھے
کھڑکیاں کھلی با ہیں، رہگذر ہیں دروازے

اور کھل جا سم سم کو، کتنی بار دُھرائیں
آج کیوں نہیں کھلتے، یہ اگر ہیں دروازے

(اگست ۱۹۸۴ء)

○

کیسا یہ ریگ زار ہے، کیسا غبار ہے
ہر روز وحشتوں میں نیا انتشار ہے

لہرا رہے ہیں سانپ مداری کی بین پر
بازی گروں کے شہر میں کس کو قرار ہے؟

بیٹھے ہوئے ہیں گھات میں کچھ باز دیکھنا
اڑنا کبوتروں کا جنھیں ناگوار ہے

بو کر ہَوا کے بیج سکوں کی زمین میں
آندھی کی فصل کاٹنا اپنا شعار ہے

بوجھل دھوئیں سے جھانکتی ہیں بے یقینیاں
موسم مسافروں کی طرح بے دیار ہے

جانبازیوں کی جس سے سند مانگتے تھے ہم
وہ معتبر بھی لوگوں میں بے اعتبار ہے

قاتل ہے کیا؟ قصاص ہے کیا؟ قتل گہ ہے کیا
کن گتھیوں میں اُلجھا ہوا اقتدار ہے!

چپ چاپ ہیں تو جبر و تسلط کی زد میں ہیں
کھولیں زباں تو وقت پہ بھی اختیار ہے

سنجیے اُدھیڑنے سے ہے فرصت کسے خلش
کس کو دکھائیں دامنِ دل، تار تار ہے

۵۸

(اکتوبر ۱۹۸۴ء)

کچھ نام دے سکوں نہ جسے ایسا گھاؤ ہے
بے کیف موسموں کا بدن میں پڑاؤ ہے

ہجرت بھی اک عذاب ہے قربت بھی اک عذاب
اب دیکھنا ہے کس طرف اُس کا جھکاؤ ہے

ہم سر پھرے ضرور ہیں لیکن وضع دار
بے اعتدالیاں ہیں مگر رکھ رکھاؤ ہے

خائف بھی وہ، حریف بھی وہ، ٹوہ میں بھی وہ
صورت ہے انحراف کی لیکن لگاؤ ہے

شاخوں پہ دور سے نظر آتے تھے سرخ پھول
نزدیک جا کے دیکھا تو بجھتا الاؤ ہے!

لوگو! بساط الٹ چکی ، شاطر ہوا ہوئے
تم ہو کہ پہلی بازی کا پہلا ہی داؤ ہے

جب بادباں کو کھولنا، سمتوں کو دیکھنا
سن لو سمندروں پہ ہوا کا دباؤ ہے

بانہیں سمیٹ لی ہیں جزیروں نے اِن دنوں
خانہ بدوشو! چل پڑو اب چل چلاؤ ہے

بستی ہے زیرِ آب خلش ڈوبتے ہیں لوگ
لیکن وہ دُور جاتی ہوئی کس کی ناؤ ہے

▲▲

(نومبر ۱۹۸۴ء)

◯

دائرے، قوسیں، مثلث، خط، احاطے، زاویئے
کس مہندس نے قلم جھٹکا کہ ٹپکے زاویئے

انگلیوں نے شاعری کی، سوچ نے خاکے بُنے
اِک تناسب جاگ اُٹھا جب ہم نے کھینچے زاویئے

شاہکاروں کو عدم تکمیل کا احساس ہے
فن کی نظروں میں ادھورے ہیں یہ پورے زاویئے

کھوج کرتی آنکھ بچھلاتی ہے تہہ در تہہ فولاد کی
پتھروں کو کاٹ دیتے ہیں کٹیلے زاویئے

ہو گئی تخلیق خوشبو، لے اڑی موجِ ہوا
دلکشی کمجلا گئی، جسموں نے بدلے زاویئے

شاید الٹی گھومتی ہیں پھر گھڑی کی سوئیاں
پھر نئی شکلوں میں لوٹ آئے پرانے زاویئے

جس تناظر میں بھی دیکھو خوش جمالوں کو خلش
زاویہ بدلا نظر کا، سارے بدلے زاویئے

(نومبر ۱۹۸۴ء)

〇

نہ آئے شہر میں سورج کے، مُنہ چھپائے چاند
ہمیشہ مملکتِ شب میں سر اُٹھائے چاند

میں جاگتا رہوں تنہا سفر کی راتوں میں
تھکے بدن کسی خیمے میں لیٹ جائے چاند

ارادہ ہے یہی، سات آسماں کھنگالوں گا
یہ ڈر ہے مجھ کو زمیں پر نہ کھینچ لائے چاند

نظارہ دُور کا کل تک نہ ہاتھ آیا تھا
اور آج قوم کے گدوں میں کسمسائے چاند

دھنک کے رنگ ، سلگتے بدن ، جواں خوشبو
یہ کیسے خواب مری نیند سے چرائے چاند

نہ جانے شہر کے ماروں کو کب میسّر ہو
چمکتی ریت ، سمندر کا جھاگ ، سائے ، چاند

خلش ، خبر اُسی نیلے اُفق کی لے آئیں
پہاڑیوں میں جہاں بستیاں بسائے چاند ۸۸

(جنوری ۱۹۸۵ء)

سات آسمان کی نظمیں

پہلے آسمان کی نظم

فلسطینیوں کے لیے

عکس در عکس لہو کی بوندیں
بوندوں کی تاریخ نہ پوچھو
جن کی حرارت،
میرے اندر برسنے والی پھواروں کو
لمس کی لذت بخش گئی ہے
جسم تو اک مٹی کا ڈھیر ہے
دفنا دو، پانی میں بہا دو
لیکن ان جسموں سے پھوٹتی ہیں
لہو اُگاتی شاخیں
اور ہرے خوابوں کے جنگل ہرے ہوئے ہیں

زہر بھری آزاد ہواؤ !
یہ مت سمجھو
اِن شاخوں کو ٹوٹتی بارش کا اِحساس نہیں
عکس در عکس لہو کی بوندیں
ٹپکیں گی ، مٹی پہ جمیں گی
اور ہرے خوابوں کی تعبیر بنیں گی !

▲▲

(ستمبر ۱۹۸۲ء)

دوسرے آسمان کی نظم

میزبانوں کے لیے

ٹوٹ کر گر پڑے میری زخمی اَنا کے کواڑ
پھر میرے ہاتھ ــــــــ
ٹائلٹ کی دوہری صفائی میں
مصروف ہو گئے ــــــــ
اور ــــــــ روح قطرہ قطرہ پگھلنے لگی
جب بھی میں نے دیکھا،
بیٹھک کے قالیں زدہ فرش پر
اپنی ہی لاش کو ٹکڑے ٹکڑے ہوتے ہوئے
اُٹھوں اور اُنہیں بھی ذرا
"ویکیوم کلینز" سے اب صاف کر دوں

میزبانوں کی شرحیں مقرر ہیں آج
مہماں جن سے مانگیں بدل اشتراک
تمہیں بھی یہی چاہیئے
کہ بیٹھک کا قالیں زدہ فرش
سال کے سال،
یونہی بدلتا رہے،
صاف ستھرا رہے!

٨٨

(فروری ١٩٨٤ء)

تیسرے آسمان کی نظم

مرحوم انور رشید کے لیے

پیٹھ پر سرد سا کانپتا لمس تھا
مڑ کے دیکھا تو وہ تھا، دہی حبس تھا
مجھ سے لپٹا تو بنجر لگا تھا بدن

جام کو اُس کی تلملاہٹ نے تڑخا دیا
زرد سورج کو اک شام نے کھا لیا
اک کڑی دھوپ تھی، سانولی پڑ گئی
شاخ پر اونگھتا تھا پرند اڑ گیا !

∴∴

(اگست ۱۹۸۵ء)

چوتھے 'آسمان' کی نظم

بیروزگاروں کے لیے

"کَیفَ حَالک ، اہلاً و سہلاً" کی شیریں گھنٹیاں

کانوں میں بجواؤں ،

ایک دو "شنائی رَبیع" کے تلخ گھونٹ

حلق سے نیچے اتاروں

دن چڑھے

چالیسویں درجہ کی جھلاتی رطوبت

جسم پر جھیلوں

مکتبوں کے "ایئر کنڈیشن" بھرے ماحول میں

"مافی شغل" کا تازیانہ

روح پر کھاؤں !

؏ آپ کیسے ہیں ؟ خوش آمدید   ؏ چائے کی ایک قسم   ؏ دفاتر

؏ کام نہیں ہے (NO VACANCY)

شام کو پھر قہوہ خانے میں ڈبو دوں
گرم فنجانوں میں
دن بھر کی تھکن کو گھول دوں
"فی شغلٗ" والی صدا کی آس میں
کل کا سورج دیکھنے تیار ہو جاؤں !

▲▲

(ستمبر ۱۹۸۵ء)

‏‎(JOB VACANT) کام ہے

پانچویں آسمان کی نظم

شہر جدّہ کے لئے

لکیریں جدولوں کی پہلے بیضوی بنیں
بلندیوں سے دھیرے دھیرے نیچے کو اُتر گئیں
پانیوں نے خشکیوں کے بال،
مٹھیوں میں پھر جکڑ لئے
مرکزوں سے نقطے ہٹ گئے
مُدوّری خطوط ــــــــ
چھوٹے چھوٹے محوروں میں بٹ گئے
حساب دان عرق عرق
مہندسوں کے چہرے فق
رمق رمق پہ چل گیا ہے سامری کا سحر
شفق شفق
انڈیلتی ہے شام روشنی کا زہر
طبق طبق
زمیں میں دھنس رہا ہے شہر
خبر نہیں یہ جبر ہے یا قدر ہے یا قہر

؀؀

(دسمبر ۱۹۸۵ء)

چھٹے ؔاسمان کی نظم

ہجر کے ماروں کے لیے

کبھی سلگتے جسموں کی ایک ڈائری
میں نے لکھی تھی !
ہم دونوں نے اُس پوری رات
ورق ورق پڑھ ڈالی
خوب لپٹ کر رو دئے

ہجر نے اپنے قلم سے آخر
عمر کے گیلے کاغذ پر
نیلے حروف اگائے ہیں
چھونا مت ــــــ نیلی آگ میں
پور پور جل جائے گی ،
پھر راکھ جھڑے گی !

یوں کرنا ‫ـــــــ‬
یادوں کے شہد بھرے ہونٹوں کو، چومتے رہنا
چڑھتی سانسوں کی خوشبوئیں،
اور ادھورے لمس کی آنچ،
سینت سینت کر اُٹھا رکھنا
کبھی تو یہ برفیلا موسم : ٹکڑے ٹکڑے پگھلے گا
کبھی نئی اک ڈائری، پھر میں لکھوں گا !!

▲

(دسمبر ۱۹۸۵ء)

ساتویں' آسمان کی نظم

نظر والوں کے لیے

دیکھ زرقہ الیمامہ !
دیکھ اے بنت الجزیرہ !
ہم ابھی تک ڈھونڈتے ہیں :
تیری وہ نظریں عقابی
وہ نظر ـــــــــ جو فاصلوں کو چومتی ،
الہام بن جاتی

دُور سے ہر آنے والے کارواں کو
پُتلیوں میں کھینچ لاتی !
وہ نظر صحرا میں کب کی گُم ہوئی ،
اور "مسافاتِ بعیدہ" کا سفر جاری رہا

ہ عربی ادبیات کا ایک خاتون کردار، جس کی تیز آنکھیں، تین دن پہلے ،
آنے والے کارواں کو دیکھ لیتی تھیں۔

دیکھ زرقہ الیمامہ !
دیکھ اے بنت الجزیرہ !
کور چشموں کی نظر، مکڑی کا جالا بن گئی
"دُورِ بینی" آج مانگے کا اُجالا بن گئی
ہم کہیں کس کی نظر کو معتبر ؟
کون ہے جو ڈھونڈ کر لائے نظر ؟
دیکھ ہم اپنی نظر کو رو رہے ہیں !

▲▲

(ڈسمبر ۱۹۸۵ء)

〇

اِس خار مزاجی میں پھولوں کی طرح کھلنا
سو بار گلے کرنا، اِک بار گلے ملنا

مانندِ شجر ہو تم، رُکتا ہے رُکے موسم
خوشبو کو ہوا دے کر، شاخوں کی طرح ہلنا

کوچوں میں گھروں میں اب، اِک شور شرابا ہے
ہوتا نہیں اپنوں سے، برسوں میں کبھی ملنا

چہروں کے مقدّر میں، کیوں جبر بھی شامل ہے
بس میں نہیں مرجھانا، قابو میں نہیں کھلنا

دُوری جو مہکتی ہے، اِک عمر کا حاصل ہے
اِک زخم ہے نزدیکی، کھلنا نہ کبھی ملنا

▲▲

(اگست ۱۹۸۱ء)

◯

عمود ہو کے اُفق میں بدل رہے ہیں ستون
دہل رہی ہے عمارت، نگھل رہے ہیں ستون

بنا ہی کھوکھلی ٹھہری تو کیا عروج و زوال
شکستگی کی علامت میں ڈھل رہے ہیں ستون

چھتیں تو گر گئیں شہتیر کی خرابی سے
یہ کس کا بوجھ اُٹھائے سنبھل رہے ہیں ستون؟

ہوا کے رُخ نے نیا مرثیہ لکھا ہے جہاں
بھڑک اُٹھی ہے وہیں آگ، جل رہے ہیں ستون

نِدا ہے کیسی، زمیں اسے زمیں! خبر تو لے
کہ بند کمروں کا سب راز اُگل رہے ہیں ستون

بدلتے لمحوں کو گِنتے ہوئے ہیں اِستادہ
نظر کا زاویہ کہتا ہے چل رہے ہیں ستون

گذرتے وقت کے آثار کون چھوڑ گیا؟
زمانے ٹل گئے، لیکن اَٹل رہے ہیں ستون ▲▲

(دسمبر ۱۹۸۲ء)

○

ریت، تنہائی، فاصلہ، صحرا
کون سی بھوک دے گیا صحرا

اُس کی آنکھوں میں بولتی ندیاں
میرے کانوں میں گونجتا صحرا

بدلیوں نے لَٹیں نچوڑی تھیں
پیاسا پیاسا مگر رہا صحرا

سبز شادابیوں کے بدلے میں
کون قسمت میں لکھ گیا صحرا

بَین کرتی ہوا مقیّد ہے
شہرِ ماتم ہے ذات کا صحرا

اونچی پرواز ، تیل کے چشمے !
ہم نے دیکھا" ہرا بھرا"صحرا

لوگ سارے دھوئیں کے مرغولے
روشنی میں بُجھا بُجھا صحرا

ایک دن سب کو لے کے ڈوبے گا
میرا صحرا نہ آپ کا صحرا

دل بَھر آئے تو دِل کے رو ئیں خلش
درمیاں میں ہے کھو کھلا صحرا

▲▲

(مارچ ۱۹۸۳ء)

○

شہر کی بھیڑ میں ایک ایک کو تنہا کہیئے
سب سے پہچان ہے پھر بھی کسے اپنا کہیئے

قتل کرکے کہیں گلیوں میں چھپا بیٹھا ہے
ایسے قاتل کو وہ کہتے ہیں مسیحا کہیئے

چاہے کوئی کرے قابیل کی سنّت تازہ
خوں بہا اپنی ہی گردن پہ ہے اب کیا کہیئے

آگ پر چھڑ کئے مظلوم لہو کے چھینٹے
اور اس کھیل کو شعلوں کا تقاضا کہیئے

کیجے ٹوٹے ہوئے کاسوں کی نمائش اک دن
سر جھکا کر اُنھیں اجداد کا ورثہ کہیئے

پوچھیئے آنکھوں سے نیندوں کے اُجڑنے کا سبب
جو بھی دیکھا اُسے خوابوں کا جنازہ کہیئے

رنگ مٹی سے چھُٹا، چھوٹ بہا سڑکوں پر
کس طرف لے چلی موسم کی ہوا کیا کہیئے ⋀⋀

(اکتوبر ۱۹۸۳ء)

○

چھو کر احساسات کو کم کم گئی ہیں سردیاں
یُوں سمیٹے گیسوئے برہم گئی ہیں سردیاں

گیلی گیلی سوندھی مٹّی میں ہم آنسو بو گئے
کپکپاتی دھوپ میں پُرنم گئی ہیں سردیاں

ڈھونڈتی پھرتی ہے تنہائی، لحافوں کی مہک
تم کو لے کر کس طرف جانم گئی ہیں سردیاں

دُور ہیں جاڑے گلابی، چاندنی جیسے بدن
کیا ہوا؟ اب کے برس تھم تھم گئی ہیں سردیاں

زرد پتّے جھیل میں گاتے رہے برہا کا راگ
بَس وہی غم، بَس وہی ماتم گئی ہیں سردیاں

نیند کی پریاں تو بچپن کو سُلا کر سو گئیں
کِس کو لانے، کون سے عالم گئی ہیں سردیاں

چونک چونک اُٹھتی ہے میری روح میں بالیدگی
گرمیاں گھولو، سمٹ کر جم گئی ہیں سردیاں

▲▲

(نومبر ۱۹۸۳ء)

○

شجرِ تہذیب کے اونچے ہوئے ہیں
کہ جنگل روح میں اُترے ہوئے ہیں

بچھڑتی رُت میں کچھ دھوکے ہوئے ہیں
ہم اپنوں سے بہت چونکے ہوئے ہیں

مہک بن کر مِلا کوئی، لگا یُوں
جہاں میں ہم ہی ہم پھیلے ہوئے ہیں

انھیں پہچانتا بھی کوئی کیسے؟
مسافر دھول کو اوڑھے ہوئے ہیں

سجاوٹ کی ہے چیز ایمان اپنا
صحیفے طاق میں رکھے ہوئے ہیں

ملاقاتیں بھی کتنی کھوکھلی ہیں
ملیں تو یوں لگے بچھڑے ہوئے ہیں

لگی کیوں آگ گھر میں اور بجھی کیوں؟
اسی پر گھر میں ہنگامے ہوئے ہیں

سجانے گھر کو گھر والے ، سُنا ہے
گھروں سے ان دِنوں نکلے ہوئے ہیں

سفر کے ، درد کے ، غم کے ، لہو کے
انہی خوابوں سے ہم لپٹے ہوئے ہیں

خلش کوئی ہمیں تعمیر کرتا!
ہم اندر سے بہت ٹوٹے ہوئے ہیں

۸۸

(مارچ ۱۹۸۴ء)

سات رنگوں کی نظمیں

پہلے رنگ کی نظم

بَلَد کی ایک شام

(بَلَد: جدّہ کا ایک فیشن ایبل مرکز)

کالی نقابوں کو اُلٹائے، صندل کے گدرائے بدن

یُوڈی کلون میں مہکے مہکے

تیکھے مخروط، بھرے بھرے جسموں کے لچکیلے خطوط

بحر کا ساحل، بھیگی سی ریتیلی شام!

میری آنکھوں میں در آئی، کیسی نامانوس اُداسی

دل کے کونے کونے پچھلی، دبی دبی میٹھی چنگاری

گھنے کھجوروں کے سائے، ہاتھ پکڑ کر کہتے ہیں:

چمکیلی کاروں کی دوڑ میں، اُلٹے قدموں چلو گے کب تک؟

پچھلے دنوں کے ہاتھ میں دے دو تنہائی کی بوجھل گھڑیاں

لوٹِ حجازی کی تابانی ، مذہبوں کو شعلوں میں تپائے

نس نس میں خوشبو کو سمیٹے کن آنکھیوں سے جھانک رہی ہے؟

اپنے وجود کے سنّاٹوں کو ، کیسے آج بچا لے جاؤں؟

بھینی بھینی شام کی دھند لاہٹ ، للچاہٹ ہی للچاہٹ

ایک جسارت ، ایک کھُلی دعوت ،

کون سُنے پیاسی رُوحوں کی آہٹ!!

(مئی ۱۹۸۲ء)

لے بادام

دوسرے رنگ کی نظم

مہکتی ہوئی دوریاں

گلے مِل کے تجھ کو کئی بار چوموں
ترے شانوں کو تھپتھپا کر
تجھے زور سے بھینچ لوں
کہ دونوں کی شریانوں میں
چاہتیں دوڑ جائیں!
مگر الوداعی نظر ڈالتے ڈالتے
آنسوؤں کے سمندر کو
پلکوں پہ ہی روک لینا
کہ اپنے بچھڑنے سے لے کر
دوبارہ ملاقات تک
مہکتی ہوئی دوریوں کی تمازت
سمیٹا ہوا صبر،
جلتے پگھلتے بدن میں
ترستی ہوئی آنکھ بن کر رہے!

(جون ۱۹۸۲ء) ▲

تیسرے رنگ کی نظم

بیوی

تازہ سُرخ گلابوں کی خوشبو
بند ہو کر گھر آئی تھی
برسوں میں کھُلی تو
بِکھری پتیوں کی طرح کونے کھدروں میں پھیل گئی
میں جن میں آج کل
اپنی ذات کی کرچیاں ٹٹولا کرتا ہوں

(مارچ ۱۹۸۲ء)

چوتھے رنگ کی نظم

نئی نسل کا تفاوت

جب تیرے وجود کی جھنجھلاہٹ
میرے ماضی کا منہ چڑاتی ہے
تو سوچتا ہوں
تجھے اپنے تجربے نچوڑ کر پلا دوں

۸

(مارچ ۱۹۸۲ء)

پانچویں رنگ کی نظم

تنگ دامنی

تمھارے قامت پہ
چولا راسیں نہ آیا تھا
تو چولا بدل ڈالتے
تم تو
قد و قامت ہی بدلنے پر تُل گئے؟

۸۸

(فروری ۱۹۸۲ء)

چھنٹے رنگ کی نظم

ادراک

اِحساس کی دیوار کے پیچھے کیا ہے ؟
اک مشاہدہ ہے!
اس سے انکار نہیں
اور حدِ احساس کے آگے کیا ہے ؟
اس کا علم نہیں!
شاید مجھ پر
سچائی کی حجت، تمام نہ ہوگی

▲▲

(فروری ۱۹۸۲ء)

ساتویں رنگ کی نظم

کارِ جہاں بے ثبات

زندگی کو
میزان پر چڑھانے کے لیے
موت نے، دیکھو
کیا کیا اہتمام کر رکھے ہیں!!

٨٨

(فروری ۱۹۸۲ء)

○

نفرت ہے ، بے رُخی ہے ، اونچی عمارتوں میں
ہر شے نپی تُلی ہے ، اونچی عمارتوں میں

دل موم کیا کریں گی ، فولاد کی سَلاخیں
پتھر کی نَہ جمی ہے ، اونچی عمارتوں میں

شیشے ہیں کھڑکیوں پر ، رنگیں ہیں خواب گاہیں
بس نیند کی کمی ہے ، اونچی عمارتوں میں

کمروں میں شور و غُل ہے ، ٹی وی ہے ویڈیو ہے
تنہائی رینگتی ہے ، اونچی عمارتوں میں

سہمے ہوئے اندھیرے، دیوار و در سے جھانکیں
کہنے کو روشنی ہے، اونچی عمارتوں میں

یہ فرش اور کا ہے، چھت ہے تو غیر کی ہے
کیوں زندگی دبی ہے، اونچی عمارتوں میں

ویسے تو دیکھنے میں جاذبِ نظر ہیں نقشے!
کچھ تو خلش کمی ہے، اونچی عمارتوں میں

(اپریل ۱۹۸۰ء)

○

گہری بہت ہے کھائی، ہوا تیز تیز ہے
اپنوں میں ہے لڑائی، ہوا تیز تیز ہے

دل کی کمائی کون لٹاتا ہے اس طرح؟
غم بن گئے دبائی، ہوا تیز تیز ہے

ہم یوں ہوئے ہیں قید کہ جھونکوں کی زد میں ہیں
ملتی نہیں رہائی، ہوا تیز تیز ہے

چلنے لگی ہیں جبر و تسلط کی آندھیاں
ہے آٹھویں دہائی، ہوا تیز تیز ہے

بکھرے ہوئے وجود کو بس جوڑنے کی دُھن
سر میں بھی کیا سمائی، ہوا تیز تیز ہے

پھر جوئے خوں بُلانے لگی ہے فرات سے
زخموں نے دی دہائی، ہوا تیز تیز ہے

منظر تمام کہر ہے، لکھوں بھی کیا خلش
پھیلی ہے روشنائی، ہوا تیز تیز ہے

▲▲

(جولائی ۱۹۸۰ء)

○

تری تلاش میں اپنی شناخت کھو بیٹھوں
تجھے تو پاؤں مگر خود سے ہاتھ دھو بیٹھوں

اب اور کیا ہو مری دوڑ دھوپ کا حاصل
سفر کی گرد ملے، منزلوں کو رو بیٹھوں

چمکتی ریت، سمندر کا واہمہ کب تک؟
کنارے لا کے سبھی کشتیاں ڈبو بیٹھوں

اُتر نہ جائے رگ و پے میں حبس کا موسم
رُکی ہواؤں میں کچھ بر ہمی سمو بیٹھوں

یہی بتاؤں گا کیسے ہوئی اَنا کو شکست
تمھارے پاس، گھڑی بھر سہی، کہو بیٹھوں؟   ۸۸

(اگست ۱۹۸۰ء)

○

خوں چھڑکنے کی رُت نوحہ خوانی میں تھی
کیا کہوں، جوئے خوں کس کس روانی میں تھی

اِک زباں بھی تری بے زبانی میں تھی
موت لکھی ہوئی نوجوانی میں تھی

وہ بھی چاقو زنی میں مرے ساتھ تھا
اُس کی وحشت بھی میری کہانی میں تھی

بادباں ہوں کہ ملّاح کھیلتے نہ تھے
ڈگمگاتی ہوئی ناؤ پانی میں تھی

امن کی فاختہ بھر رہی تھی اُڑان
آزمائش مگر راجدھانی میں تھی

عام تھی شہر میں رسمِ جامہ دری
دھجّی دھجّی جنوں کی نشانی میں تھی

ہم جلیسوں میں تھیں کتنی خوش فہمیاں
بات جتنی بھی تھی، بدگمانی میں تھی

گونگا قانون تھا، چیختی خامشی!
کس قدر بے بسی حکمرانی میں تھی

جسم : خوف و خطر کی پناہوں میں تھے
روح : سہمی ہوئی زندگانی میں تھی

الگنی پر تھی افواہ لٹکی ہوئی
صبح کی چادر خلش گہرے پانی میں تھی ▲▲

(جولائی ۱۹۸۱ء)

〇

خوابوں میں جھلملائے جھروکہ مکان کا
ٹکرائے تیرے چہرے سے چہرہ مکان کا

چڑھنے لگی ہیں منزلیں خطِ عمود پَر
سِمٹا ہوا ہے شہر میں رقبہ مکان کا

دونوں ہَوا کے رُخ پہ بہا لے گئے مجھے
چیزوں کے چڑھتے بھاؤ، کرایہ مکان کا

جینے کو آپ ہی نہیں، اک گھر بھی چاہیئے
کچھ کم نہیں ہے آپ سے مرتبہ مکان کا

گھولوں تمھارے لمس کو جب روشنائی میں
نکلے مرے قلم سے سراپا مکان کا!

کاغذ پہ کر رہا ہوں لکیروں میں منتقل
جذبہ "تمیزِ حُسن" کا نقشہ مکان کا

لوہے کے اور سمنٹ کے جنگل میں پھنس گئے
سر پہ پڑا ہے بھاری یہ سودا مکان کا

اوراق اُلٹ کے دیکھئے تاریخ کے اگر
تہذیب سے جُڑا ہے یہ رشتہ مکان کا

مجھ کو تو موسموں کی ہَوا کھا گئی خلش
بگڑے نہ میری طرح سے حُلیہ مکان کا   ۸۸

(اگست ۱۹۸۱ء)

تین شعر

اندھی چوٹ کی چال چلی تو جیتتی بازی ہار گیا
میں نے ٹکوں برباد کیا جب سات سمندر پار گیا

کب آیا بھونچال، کہاں پر مانجھی کی نیّت بدلی
مجھ کو کنارے لانے والا، بیچ ندی میں اُتار گیا

دام چکائے، مال خریدا، لُوٹ لچی تو چھوڑ دیا
خالی ہاتھ ہی لوٹ آیا جب پردیسی بازار گیا

(مئی ۱۹۸۲ء)

ہفتے کی سات نظمیں

ہفتے کی نظم

---

۰۰۰ آنسوؤں کی عبادت

اُس رونے کو کیا نام دوں؟
جب آنکھ میں آنسو نہیں آتے

(نومبر ۱۹۸۱ء)

اتوار کی نظم

غیاث متین کے لیے ایک نظم

بے اعتدالی، بدبختی نہیں،
وقفہ ہے راہ پر آنے کا
دیانت ــــ ڈھکوسلہ نہیں،
سادہ لوحی ہے امانت والوں کی
ان دونوں کے درمیان
چلنا ہے تدبّر
اور ہم میں کوئی "مدبّر" نہیں!

(نومبر ۱۹۸۱ء)

پیر کی نظم

"روشن صحیفہ"

مانو کہ نہ مانو

قیاس ہے عقل کی راہ

تخمینہ اک ذہانت

اور گمان : ہوش کی علامت

صحیفے مگر

اِن سب سے بڑھ کر

روشن نشانیوں کے آسمان

مانو کہ نہ مانو!

(نومبر ۸۱ء۱۹)

منگل کی نظم

تزکیۂ نفس

مجھے تسلیم کر لو کہ میں

ذہن کو طہارت دے کر

عریانی میں بھی

تقدس ڈھونڈنا سکھاتا ہوں

(نومبر ۱۹۸۱ء)

بُدھ کی نظم

فیاضی کر

تیرے کواڑ تو ہمیشہ کھلے رہتے ہیں
تیرے چولھے کی راکھ کبھی ٹھنڈی نہیں ہوتی
میرے بازو چربی سے نہ بھر دینا
مجھے وہ لقمہ کھلا دینا
جو ہر اِشتہا کو مغلوب کر لے

(دسمبر ۱۹۸۱ء)

جمعرات کی نظم

اوّل و آخر فنا

بقا کی جبیں عرق آلود ہونے کو ہے
فنا کے راز منکشف کر دو
فنا : ازل بھی ہے، ابد بھی ہے،
بہتر ہے فنا کو بقا کہو

(دسمبر ۱۹۸۱ء)

جمعہ کی نظم

عالمِ نزاع

اقرار معتبر،
نہ اُس وقت کا،
انکار مستند،
تمھارے کردار کی کتاب جب پیپٹ دی دی جائے

(دسمبر ۱۹۸۱ء)

○

(نذرِ غالب)

بارشیں مانگئے اس مٹی کے تر ہونے تک
جسم اک شارخِ تمنّا ہے شجر ہونے تک

کہنے سننے کو بہت بھیڑ لگی ہے لیکن
ساتھ کوئی تو چلے گردِ سفر ہونے تک

مملکت تیری سہے، جینے کا طریق اپنا ہے
درمیاں خوف کی منزل ہے نڈر ہونے تک

بے اثر حکم جب آئین بدلنا چاہے
جبر کے سانچے میں ڈھلتا ہے اثر ہونے تک

بولتی آنکھیں سماعت بھی کیا کرتی ہیں
منظر آواز لگاتے ہیں خبر ہونے تک

خواب کو دیکھنا اور خواب کی چاہت کرنا
جستجو زندہ ہے خوابوں میں بسر ہونے تک

جسم و جاں موم ہوں، پتھر ہوں، پگھلتے ہیں خلش
"شمع ہر رنگ میں جلتی ہے سحر ہونے تک"

٨٨

(اپریل ١٩٨٧ء)

؎ مرزا غالب

○

(نذرِ عبدالحمید عدم)

روشنی میں بکھر گئے ہوں گے
خواب نیند اوڑھ کر گئے ہوں گے

آنکھ کھولی تو کچھ بہاروں کے
سلسلے تھے کدھر گئے ہوں گے

دیکھنا پھر پرندے پیڑوں کو
بے ثمر چھوڑ کر گئے ہوں گے

بجھتے چہروں پہ یہ چمک تھی کہاں
دھوپ میں کچھ نکھر گئے ہوں گے

مڑ کے دیکھا تو دور تک تھا غبار
لوٹ کر ہم سفر گئے ہوں گے

جو زمیں دیکھ کر نہ چلتے تھے
دلدلوں میں اُتر گئے ہوں گے

اب بگولوں میں ڈھونڈتے کیا ہو؟
کارواں کوچ کر گئے ہوں گے

گھر سجا کر جو گھر لٹا بیٹھیں
سوچو کس دل سے گھر گئے ہوں گے

کانٹے چننے لگیں خلش یادیں
"زخم ناگاہ بھر گئے ہوں گے"

٥٥

(مارچ ١٩٨٧ء)

کہ عبدالحمید عدم

○

(نذرِ سلطان اختر)

ہجرتوں میں تو مزاج اور بھی گمبھیر ہوا
کون سا چہرہ مگر خوابوں کی تعبیر ہوا

کیوں مجھے دے گیا چمکیلے سرابوں کا فریب
کیوں سمندر کا سفر پاؤں کی زنجیر ہوا

روز جتلاتی ہیں یہ کان پڑی آوازیں
اب مرے عہد میں سنّاٹا بھی تسخیر ہوا

منصف شہر سزا دینے سے کتراتا ہے
دفترِ جرم کہو کس طرح تحریر ہوا

"سبز صحرا" کے بھی خیمے ہیں اُکھڑنے والے
گھر کو ہم لوٹے تو یہ راز بھی تشہیر ہوا

کرب تھا، خوف تھا دھڑکا تھا' نہ جانے کیا تھا
"کوئی بھی شہر میں کھل کر نہ بغل گیر ہوا"

ہم پہ کھلتا گیا رینتیلے جزیروں میں خلشؔ
قصرِ شاہی تو گھر و ندوں پہ ہی تعمیر ہوا

٨٨

(جولائی ۱۹۸۷ء)

کہ سلطان اختر

○

(نذرِ عبداللہ کمال)

یہ خاک دکھوں کا سفر اور سنگِ میل بدن
نکل پڑے ہیں کسے ڈھونڈنے قتیل بدن

ہمیں اندھیروں کی بے چہرگی نگل جاتی
نکال لیتے نہ اگر نور کی سبیل بدن

اُڑان بھرتے جو ہم آسماں کو چھو لیتے
زمیں کی چاہ میں بنتے گئے فصیل بدن

کثیف بوجھ تھا لیکن لطیف تھا احساس
مسافرت میں بنے روح کے کفیل بدن

تمیزِ حُسن کرے منتخب پری چہرے
ترستے رہتے ہیں تحسین کو جمیل بدن

نگہ پہنچ نہ سکی، رنگ روپ سے آگے
کہ چاہتوں میں ہوئے کس قدر دخیل بدن

گرفت میں کہاں لفظوں کی آئے وہ منظر
"وہ میرے لب کے پرندے، وہ تیرا جھیل بدن"

۵۸

(اپریل ۱۹۸۸ء)

۷ء عبداللہ کمال

ایک بھولی ہوئی غزل

○

جو کم نظر ہیں ، وہی کم سواد کہتے ہیں
سفر نصیب ہمیں سند باد کہتے ہیں

اس ایک دل میں ہیں خوابوں کے سو جہاں آباد
غلط ہے لوگ ہمیں نامراد کہتے ہیں

جو لمحہ چھو نہ سکے دل کو بھول کہلائے
جو دل میں تازہ رہے اُس کو یاد کہتے ہیں

تھی ہم میں آپ میں اک بات مشترک نہ رہی
وہ ایک بات جسے اعتماد کہتے ہیں

ابھی تو آپ سے رسمِ جنوں بڑھانی ہے
ابھی سے آپ ہمیں خیر باد کہتے ہیں

▲

(جون ۱۹۷۷ء)

ڈاکٹر انور معظم

منظرِ حیات کا شاعر

● مجھے کچھ عادت سی ہوگئی ہے کہ اگر کسی شاعر یا مفکر کو پڑھوں تو اُسے دو یا تین اصطلاحات کے توسط سے جاننے کی کوشش کروں ۔ یہ ہیں ۔۔۔ حیات : منظرِ حیات اور تصوّرِ حیات ۔۔۔ میں نے اس مجموعے میں یہ دیکھا کہ ایک منظرِ حیات اس میں اُبھرتا ہے ۔ اس منظرِ حیات کا میں نے تجزیہ کرنے کی کوشش کی تو مجھے لگا کہ اس میں احساس کی بڑی شدت ہے ۔ اس منظر کو جغرافیائی طور پر آپ سعودی عرب میں متعین کر سکتے ہیں ۔ وہاں کی زندگی، وہاں کے حالات، وہاں کی تنہائیاں۔ یہ غالباً پہلا مجموعہ ہے جس سے اس زندگی یا اس زندگی سے پیدا ہونے والے جو کرب ہیں ،ان کا ایک اندازہ ہوتا ہے کہ کیسی زندگی ہے وہاں کی اور ایک ۔۔۔ حساس آدمی کس طریقے سے اُن مناظر کو دیکھ رہا ہے اور ان سے کیسے اپنے کو مربوط کرنے کی کوشش کر رہا ہے اور اس کوشش میں اُس کو کس ناکامی سے گزرنا پڑ رہا ہے ۔ کبھی کبھی یہ "شدتِ احساس" آگے بڑھ کر "حدتِ احساس" میں بھی بدل جاتی ہے ۔ یعنی ایسی گرمی کہ قریب جلتے ہوتے اس کے شعلوں کی لپک محسوس ہو ۔ میں نے ان کے پاس یہ چیز محسوس کی ہے ۔ میں ایک مثال دیتا ہوں غالب کی کہ اس کا منظرِ حیات بھی اس پر بڑی طرح چھایا ہوا تھا۔

● ایک اور دلچسپ بات مجھے ان کے پاس نظر آئی کہ انھوں نے اپنی کئی غزلوں اور نظموں میں اپنے پیشے آرکیٹکچر کی وجہ سے جو اصطلاحات ان کے ذہن میں ہیں ان کو کافی استعمال کیا ہے ۔ PERSPECTIVE کے طور پر "صحرا" تقریباً ان کی ساری نظموں میں اور غزلوں کے اکثر اشعار میں موجود ہے ۔ پھر مکان ہے، دروازے ہیں ،ستون ہیں ، زاویے ہیں ۔ اس کے علاوہ خالی جگہوں کی طرف کافی ان کا حوالہ ملتا ہے اور بھری جگہوں کی طرف بھی ۔

● ادب ایک بڑا سنجیدہ کام ہے جسے عام طور پر بہت ہلکے پھلکے انداز میں لیا جاتا ہے ۔ ادب پڑھنا ،ادب لکھنا سنجیدہ امر ہے ۔ ادب کی تحسین، تنقید ،اس سے لذّت اندوز ہونا بھی میری نظر میں ایک انتہائی سنجیدہ امر ہے ۔ رؤف خلش کے اس مجموعے سے میری اس بات کی تصدیق ہو چکی ہوگی ۔

حسَن فرخ

دو نظموں کا تجزیاتی مطالعہ

● صرف دو سطروں کی ایک نظم ہے   " آنسوؤں کی عبادت"

اُس رونے کو کیا نام دوں / جب آنکھ میں آنسو نہیں آتے

یہ دو سطریں اپنے اندر بڑی وسعت رکھتی ہیں اور ان میں انسانی نفسیات بھی کی نہیں بلکہ اُس خیال یا کیفیت کی اتنے سیدھے سادے انداز میں اظہار کرنے والی شخصیت کے جذبات انسانی کا درد چھپا ہوا ہے ۔ جہاں پہلی سطر میں رؤف خلش نے اُس کیفیت کا نام دینے کے سلسلے میں ایک سوال کیا ہے، وہیں نظم کے عنوان" آنسوؤں کی عبادت" کے ذریعہ اس سوال کا جواب دے دیا ہے۔ جو لوگ آنسوؤں کے بغیر رونے کی کیفیت سے واقف ہیں اور جو یہ جانتے ہیں کہ بلا غرض کسی کے حکم کی تعمیل میں جواز طلب کئے بغیر عبادت میں کیا لذّت ملتی ہے ۔ان کے لیے یہ نظم ایک غیر معمولی شعری تجربہ ہے۔

● ان نظموں میں ایک اقدار کی نظم غیاث متین کے لیے بھی ہے ۔ نظم کے اہم اور کلیدی الفاظ ہیں" دیانت" اور" امانت"۔ نظم کا خطاب بھی سے ہے، یوں تو مخاطب صرف غیاث متین ہیں۔ اس نظم میں رؤف خلش نے غیاث متین کو اپنے ذہنی ہم سفر ہونے کے اعتبار سے ایک مشورہ دیا ہے جو تدبر کی راہ اختیار کرنے کا مشورہ ہے لیکن اس کے بعد ہی یہ اعتراف بھی ہے کہ ہم میں سے کوئی بھی مدّبر نہیں ۔ اس طرح یہ نظم تخفیس سے تعمیم کا روپ اختیار کرلیتی ہے اور اس میں اس فضا کی نشان دہی کی گئی ہے جو اسلا دانشوری پر چھائی ہوئی ہے ۔

جن لفظوں کو ان کے پودے وسیع تر پس منظر کے ساتھ ایک دوسرے کے مقابل لاکھڑا کیا گیا ہے وہ دراصل ایک دوسرے کے مقابل ہیں ہی نہیں ۔ دراصل ان کے استعمال کے ذریعہ فکری یک آہنگی کی طرف اشارہ کیا گیا ہے ۔ بین السطور اس جانب اشارہ ہیں" اقدار کی نظم" کے ٹکڑے ہی ہیں مل جاتا ہے ۔ کیوں کہ اقدار علامت ہے بے فکری اور تعطل کی ــ !!

غیاث متین

ذات کی جانب مراجعت

● حیدرآباد سے جدہ کا سفر رؤف خلش کے لیے ایک نئے ذہنی سفر کا آغاز ثابت ہوا ہے یہاں سے منظر اور منظرنامہ دونوں بدلتے ہیں ۔ ملک، شہر، فضا اور جگہ کے بدلتے ہی ان کی سوچ VISION اور مسائل بھی بدلے ہیں ۔ پہلے جہاں ان کے پاس ایک تخلیقی اضطرار اور کرب ہیں ملا تھا جس میں اک قسم کی جھنجھلاہٹ بھی شامل تھی ، اب اس کی جگہ سمندر کے سکوت نے لے لی ہے ۔

● ان برسوں میں انھوں نے ایک SERIES شروع کر رکھی ہے جس کے تحت انھوں نے اب تک "ہفتے کی سات نظمیں" "سات رنگ کی نظمیں" "سات آسمان کی نظمیں" ۔۔۔۔۔۔ اور "سات سمندر کی نظمیں" کہی ہیں ۔ ان SERIES میں دھوکا دینے والا لفظ "سات" ہے ۔ جو MYSTERIOUS مانا جاتا ہے ۔ وسیع تر معنٰی میں دیکھا جائے تو یہ "سات" کا ہندسہ دراصل ایک ہی ہے ۔ قدرے وضاحت سے عرض کرتا چلوں کہ ہفتے کے سات دن کہنے کو تو سات دن ہیں لیکن وہ ہے ایک ہی دن ۔ اگرچہ کہ اُس کے نام الگ الگ ہیں ۔ اسی طرح سات رنگ بکھر کر ، پھیل کر دوبارہ مل جائیں تو ایک ہی رنگ میں بدل جائیں، سات آسمان کہنے کو تو سات ہیں لیکن دکھائی ایک ہی دیتا ہے ۔ اسی طرح بیک وقت سات سمندر ہماری حدِ نگاہ میں کبھی نہیں آسکتے ۔ صرف ایک ہی آسکتا ہے ۔ اب سوال یہ پیدا ہوتا ہے کہ یہ "ایک" کیا ہے ؟ جس کے لیے رؤف خلش نے ان سات پردوں کا سہارا لیا ہے ۔ میری دانست میں یہ "ایک" ان کی اپنی ذات ہے ۔ اس طرح میں ان SERIES کو ذات کی جانب مراجعت کا نام دیتا ہوں ۔

● ان کے ہاں ہیں ایسے نئے لفظ اور نئی تراکیب ملتی ہیں جو ہمارے عصر کے کسی اور شاعر کے ہاں نہیں ملتیں ۔ مثلاً صندل کے گدرائے بدن ۔ گنتے کھجوروں کے سائے ۔ لہو اُگاتی شاخیں، ہرے خوابوں کے جنگل ۔ چالیسویں درجہ کی جھلاتی رطوبت ۔ خشکیوں کے بال ۔۔۔۔۔ مسافاتِ بعیدہ ۔ شرقِ وسطٰی کی خوشبو ۔ سمندر کا واہمہ ۔ وادیِ بے طور وغیرہ ۔

علی ظہیر

بھرپور شعری اِظہار

● رؤف خلش کی شاعری میں پہلے کے مقابل کئی تبدیلیاں آگئی ہیں جو ان کے حساس ہونے اور تخلیقی طور پر زندہ رہنے کی دلیل ہیں۔ تخلیقی کاموں کے لیے ہجرت ہمیشہ مددگار ثابت ہوتی ہے پھر ہجرت اگر فن کار کی تہذیبی اور روحانی جڑوں کے مقام کی طرف ہو تو ادب بھی فن میں گہرائی پیدا ہو جاتی ہے۔

● سات رنگوں کی نظمیں کسی اچھے گروپ فوٹو کی طرح ایک لمحے میں مختلف لمحوں کو پکڑ لینے کا عمل معلوم ہوتی ہیں۔ گروپ فوٹو ایک ساتھ اُترتا ہے لیکن ہر چہرے کے پکڑے جانے کا لمحہ مختلف ہوتا ہے۔ ان چہروں میں سب سے اچھا لمحہ جو پکڑا گیا ہے وہ "بلد کی ایک شام" والی نظم کا ہے۔ "نئی رُتوں کا سفر" میں "نیا پل اور ایک شام" ایسے ہی ایک لمحے کو پکڑنے والی نظم تھی

● دوسرے آسمان کی نظم "میزبانوں کے لیے" ایک گہرا فکری پہلو رکھتی ہے جس میں موجودہ سعودی عرب کے پس منظر میں ایک پوری تاریخی، سماجی اور معاشرتی CONFLICT کو پیش کیا گیا ہے۔ یہ تصادم قدیم اقدار سے جدید تہذیب کا بھی ہے۔

● ان کا بنیادی استعارہ جو پہلے "موسم" تھا، وہ اب "کوارڈ" بن گیا ہے۔ "موسم" میں ایک سکون تھا، کیفیت تھی، اطمینان تھا۔ "کوارڈ" میں بے چینی ہے، گھر کی یاد ہے جنسی بھوک ہے۔۔ جنسی پیکر کے لیے 'کوارڈ' نہایت بھرپور استعارہ ہے۔

'کوارڈ' کے علاوہ خلش نے کئی نئے استعارے بھی اپنائے ہیں مثلاً ٹائلٹ، ویکیوم کلینز قالین، لوڈِ حجازی وغیرہ۔

ٹائلٹ جدید آدمی کی زندگی کا نہایت جامع استعارہ ہے۔ جو چیز ہم کو قدما سے الگ کرتی ہے ان میں ہماری طرزِ رہائش بھی ہے اور اس میں سب سے نمایاں جگہ ٹائلٹ کی ہے۔ جدید تہذیب دراصل ٹائلٹ کی تہذیب ہے۔ اس قدیم وجدید میں جیت کس کی ہوگی ابھی نہیں معلوم! شاعر نے جس "لائف اسٹل" کا نقشہ کھینچا ہے اس میں قالین بھی شامل ہے۔ اس طرح جدید تہذیب نے غیر شعوری طور پر ایک ایسی علامت کو جگہ دی ہے جس میں مشرق کی شائستگی پنہاں ہے۔